Karl Rahner[1]

Kirchenlehrer der Postmoderne

von Rudolf Hubert

Impressum

Karl Rahner – Kirchenlehrer der Postmoderne

© 2021, von Rudolf Hubert

1. Auflage vom 1. Oktober 2021

ISBN: 978-3-754349-28-1

Hrsg. Hans-Jürgen Sträter

Herstellung und Verlag: BoD – Books on Demand,

Norderstedt

MIX
Papier aus verantwortungsvollen Quellen
Paper from responsible sources
FSC® C105338

Inhalt

I. Der Mensch lebt nicht vom Brot allein

„Die Gefahr besteht, dass der heutige Mensch keinen Zugang zu seiner Transzendenz findet. Sein Leben ist immer weniger in eine gemeinschaftliche religiöse Grundintuition eingebettet. Unser zentrales Problem ist eine kollektive Entfremdung von Seele und Lebenswelt, die spontanes Gottvertrauen hemmt. ‚Der innerste Grund des Menschen bleibt unaufgebrochen.‘ (Alfred Delp)...Es fehlen Sammlung, Intuition, das Gemüt. Sein Geist hat sich habituell an eine ‚Maschinen – und Nützlichkeitswelt‘ veräußerlicht, die ihm den Seelengrund verschüttet: ‚Dass da ein Menschentyp geworden ist, vor dem selbst der Geist Gottes, man möchte sagen, ratlos steht und keinen Eingang findet‘. (Alfred Delp).[2]

Mir scheint, dass diese Kurzanalyse zutreffend wesentliche Elemente heutiger Glaubensschwierigkeit aufzählt, allerdings: Die Entfremdung zwischen Glaubens- und Lebenswirklichkeit scheint sich in gravieren-dem Ausmaß auf die *kirchliche* Glaubenswirklichkeit hierzulande zu beziehen.

Wenn man unvoreingenommen die Welt großer sportlicher Events betrachtet - Fußball steht dabei weit vorn an erster Stelle[3] - fällt es mir schwer, davon zu reden, dass der Mensch überhaupt keinen Zugang zur

Transzendenz hat oder dass er ausschließlich einer „Maschinen- und Nützlichkeitswelt" verfallen ist.

Zum Phänomen Fußball hat Papst Benedikt / Joseph Ratzinger höchst Bedenkenswertes geschrieben in Bezug auf die „Überschreitung des Lebens":

„Regelmäßig alle vier Jahre erweist sich die Fußballweltmeisterschaft als ein Ereignis, das hunderte Millionen von Menschen in seinen Bann schlägt. Kaum irgendein anderer Vorgang auf der Erde kann eine ähnliche Breitenwirkung erzielen... Es müsste...gefragt werden: Worin liegt die Faszination des Spiels... Natürlich kann dies alles verdorben werden durch einen Geschäftsgeist, der das Ganze dem düsteren Ernst des Geldes unterwirft und das Spiel aus einem Spiel in eine Industrie verkehrt, die eine Scheinwelt von erschreckendem Ausmaß hervorbringt. Aber selbst diese Scheinwelt könnte nicht bestehen, wenn es nicht den positiven Grund gäbe, der dem Spiel zugrunde liegt: die Vorübung des Lebens und die Überschreitung des Lebens in Richtung des verlorenen Paradieses... Der Mensch lebt nicht vom Brot allein, ja die Brotwelt ist letztlich nur die Vorstufe für das eigentlich Menschliche, für die Welt der Freiheit".[4]

Ähnliches wäre vielleicht zu großen Musikevents zu sagen. Und der vermutete ausschließliche Bezug auf die Haltungen des Machens und Habens steht in auffälligem Kontrast zum überwältigenden ehrenamtlichen Einsatz angesichts der Flüchtlingsproblematik hierzulande. Dass hier Nächstenliebe in einem Ausmaß eine Rolle spielt, das kaum überschätzt werden kann, ist nicht nur evident. Wenn ich die Einheit von Gottes- und Nächstenliebe ernst nehme, muss ich doch auch sagen, dass Gott „im Sakrament des Bruders"[5] (Hans Urs von Balthasar) in vielfältiger Weise erfahren wird.[6]

Dies alles stimmt mich grundsätzlich positiv, wenn ich über die Zukunft des Glaubens nachdenke, auch wenn ich mir durchaus größeren „Mut zum kirchlichen Christentum"[7] bei der Glaubensweitergabe heute vorstellen kann. Der Hinweis von Pater Schönfeld aus o.g. Arbeitshilfe, dass die „Neuverbindung von Welterfahrung und Personmitte ... der Schlüssel zum Glaubenszugang"[8] ist, wird von mir nicht in Frage gestellt. Doch er korrespondiert mit der Frage, warum das Leben der meisten Menschen tatsächlich „immer weniger in eine gemeinschaftliche religiöse Grund-intuition eingebettet"[9] ist. Einen Fingerzeig zur Lösung der Frage gibt Dietrich Bonhoeffer:

„Etwas, was bei mir selbst und bei anderen immer wieder rätselhaft ist, ist die Vergesslichkeit... Wo ist dieses „Gedächtnis" heute? Ist nicht der Verlust dieses „moralischen Gedächtnisses" – scheußliches Wort! – der Grund für den Ruin aller Bindungen, der Liebe, der Ehe, der Freundschaft, der Treue? Nichts haftet, nichts sitzt fest. Alles ist kurzfristig, kurzatmig. Aber die Güter der Gerechtigkeit, der Wahrheit, der Schönheit, alle großen Leistungen überhaupt brauchen Zeit, Beständigkeit."[10]

Es sind diese Worte Bonhoeffers, die meine Glaubenszuversicht und meine Glaubensfreude tief begründen: Gerade weil „die Güter der Gerechtigkeit, der Wahrheit, der Schönheit, alle großen Leistungen überhaupt Zeit, Beständigkeit"[11] brauchen, wird christlicher Glaube Ausschau halten nach wahren, lebensbejahenden Glaubenszeugen. Sie gibt es, diese *Vorbilder im Glauben*, die authentisch sind, an denen sich Menschen heute und morgen orientieren können bei der Frage nach dem Sinn des Lebens. Glaubensväter und Glaubensmütter, die um den wahren Reichtum der Tradition kirchlichen Lebens wissen, die die „Gabe der Unterscheidung" ebenso besitzen wie den Mut, im „Wagnis des Christen"[12] die Kraft des Glaubens im Leben zu erweisen. Das ist eigentlich auch die einzige Form einer *„Glaubensrechenschaft in intellektueller Redlichkeit"*.

II.   Die Frage nach dem Menschen

„Glaubensrechenschaft in intellektueller Redlichkeit" [13] -
Zeit seines Lebens war genau dies das *Thema von Karl
Rahner* gewesen. Das „freie Wort in der Kirche"[14] war
ihm ein großes Anliegen. Er wandte sich kritisch gegen
ein unreflektiertes Anspruchsdenken in der Kirche und
eine überzogene Erwartungshaltung gegenüber dem
Amtspriestertum. Vehement forderte er in der Kirche
eine Änderung hin zu einer Haltung, die auf dem II.
Vatikanum zum Durchbruch kam, dass nämlich alle
Getauften und Gefirmten Anteil haben am dreifachen
Amt Christi. Ausdruck dessen sind u.a. seine Impulse in
dem Büchlein: „Strukturwandel der Kirche als Aufgabe
und Chance"[15]. Für den Theologen Karl Rahner war es
eine der wichtigsten Aufgaben der Theologie, *die Frage
nach dem Menschen offen zu halten.*[16] *Nichts Endliches
kann den Menschen zufriedenstellen.*[17]

Der Mensch grenzt an das unendlich heilige Geheimnis,
das ihn umgibt und trägt, das sich ihm in Liebe
zuwendet. Darum handelt auch Karl Rahners Theologie
zuerst und zuletzt von der *„Not und dem Segen des
Gebetes".*[18]

Wenn ich die Situation in Kirche und Gesellschaft heute analysiere, komme ich zu dem Schluss, dass sich kaum etwas geändert hat im Verhältnis zur Zeit Karl Rahners.[19] Eher sind Glaubensnot und Glaubensschwierigkeit größer geworden in einer fast vollständig säkularisierten Umwelt, in der die Menschen zum überwiegenden Teil in einer agnostischen Grundbefindlichkeit verharren.[20]

Rahner hat dies vorausgesehen, seine „Meditation über das Wort Gott"[21] gibt davon beredtes Zeugnis. Weil diese Prognose Karl Rahners heute zu großen Teilen Wirklichkeit geworden ist und weil ich Rahners konstruktiv-kritische ‚Einwürfe' für das Leben der Kirche nicht nur teile, sondern weil ich davon überzeugt bin, dass die Umsetzung und Weiterentwicklung seiner Impulse für die Kirche heute und morgen *entscheidende Weichenstellungen sind*, darum ist für mich dieser „Vater im Glauben"[22] tatsächlich ‚erst noch im Kommen'.[23]

Die *Struktur der weiteren Überlegungen* ist damit auch schon vorgeben. In einem *ersten Schritt möchte ich wesentliche Elemente rahnerscher Theologie* vorstellen.[24]

Dabei stütze ich mich insbesondere auf die Arbeiten von Klaus Peter Fischer[25], *Nikolaus Schwerdtfeger*[26], *Ralf Miggelbrink*[27]*und Michael Hauber*[28]. Der Grund für diese

Auswahl ist schnell benannt: Sämtliche Autoren gelten in der theologischen Fachwelt als ausgewiesene Experten der Theologie Karl Rahners. Fischers Arbeit wird als Grundlagenwerk angesehen und anerkannt, das besonders auch die Wurzeln rahnerscher Theologie umfassend herausarbeitet, ebenso die Arbeit von Schwerdtfeger, die sich besonders mit der These Rahners von den „anonymen Christen" beschäftigt und dabei die Zusammenhänge seiner Gnadentheologie und Symboltheologie umfassend erläutert. Miggelbrinks Arbeit macht in origineller Weise deutlich, welche Bedeutung die Theologie Karl Rahners heute hat. Dabei setzt er sich vielfach mit Kritiken an Rahners Theologie auseinander. Haubers Arbeit widmet sich der *Trinitätstheologie* Karl Rahners, die er eingehend untersucht und würdigt und die – neben den Überlegungen zu den *„anonymen Christen"* (Karl Rahner) - für unsere weiteren Überlegungen von großer Bedeutung sein wird.[29]

In einem *zweiten Schritt* gehe ich kurz auf die *kirchliche Glaubenssituation heute* ein, um abschließend *Impulse rahnerscher Theologie für die Glaubensweitergabe* heute und mor-gen zu diskutieren. Dabei wird, wie schon angedeutet, besonders das rechte Verständnis des *„anonymen Christen"* und dessen Bedeutung für eine zeitgemäße Pastoral von entscheidender Bedeutung sein.

III. Das abgründigste Geheimnis menschlicher Existenz

„Die katholische Theologie hat... nicht mehr einfach eine Sprache, sie muss viele lernen... Aber sie wird weiter meinen, dass sie in den vielen Metaphysiken, mit denen sie heute sprechen muss, eben doch nicht einfach Sätze sagt, die sich wie ein einfaches Nein und Ja in absoluter Verständnislosigkeit gegenüberstehen...weil auch die Theologie eine menschliche Sprache ist und jede menschliche Sprache, so sie nur nicht selber tot ist, in das unsagbare Geheimnis fragend hineinweist, auf das es der Theologie letztlich ankommt."[30]

In dieser Feststellung Karl Rahners geht es um *zwei grundlegende Aspekte*, mit denen sich die Theologie – nicht nur heute - konfrontiert sieht: Es tauchen vielfältige, teilweise ganz neue *Fragen auf, auf die die Kirche Antworten geben muss, will sie nicht stumm bleiben oder durch das Verharren in erstarrten Sprachspielen zunehmend irrelevant werden.* Nicht weniger bedeutsam ist der *Fingerzeig auf den mystagogischen Charakter* theologischen Bemühens: *Die Einweisung in das unsagbare Geheimnis.* Darum geht es in der Theologie, will sie sich selber nicht gründlich missverstehen.

"Nichts ist uns eigentlich vertrauter und selbst-verständlicher als das schweigende Fragen über alles Befragte und Beherrschte hinaus... Der Blick auf das Herz Christi kann uns einweihen in die liebende Übergabe unseres ganzen Wesens an das Geheimnis, das bleibt, in dessen Abgrund wir gründen, das die unbegreifliche Liebe ist, das uns trägt und zu unserer Seligkeit uns unserer Selbstverfügung und so uns selbst entzieht."[31]

„Wir reden von Gott, von seiner Existenz, von seiner Persönlichkeit, von drei Personen in Gott, von seiner Freiheit, seinem uns verpflichtenden Willen usf.; wir müssen dies selbstverständlich, wir können nicht bloß von Gott schweigen, weil man dies nur kann, wirklich kann, wenn man zuerst geredet hat. Aber bei diesem Reden vergessen wir dann meistens, dass eine solche Zusage immer nur dann einigermaßen legitim von Gott ausgesagt werden kann, wenn wir sie gleichzeitig auch immer wieder zurücknehmen, die unheimliche Schwebe zwischen Ja und Nein als den wahren und einzigen festen Punkt unseres Erkennens aushalten und so unsere Aussagen immer auch hineinfallen lassen in die schweigende Unbegreiflichkeit Gottes selber, wenn auch unsere theoretischen Aussagen noch einmal mit *uns* selber zusammen unser existentielles Schicksal teilen einer liebend vertrauenden Hingabe unserer selbst an die undurchschaute Verfügung Gottes, an sein Gnadengericht, an heilige Unbegreif-lichkeit."[32]

Miggelbrink drückt diesen grundlegenden Zug in Karl Rahners Theologie in folgender Passage aus:

„Die Theologie Rahners hat ihre Gewissheit nicht als intellektuellen Besitzstand und kann ihre Wahrheit nicht anders geltend machen als durch ein hinweisendes ‚Umkreisen' ihres Gegenstandes mit dem Ziel, dass der Angeredete auf diese Weise aufmerksam werde auf die Wahrheit dieser Theologie, die aber nicht anders aktuell werden kann als im akthaften Vollzug des Glaubens, dessen innerste Mitte der Vollzug der Gottesliebe als Nächstenliebe ist...Die Theologie steht bei Rahner als ganze unter dem Gesetz der von ihr zu leistenden Einführung in die Erfahrung des Geheimnisses, das Gott selber ist."[33]

Die Sprache in der Theologie und deren mystagogischer Grundzug – beide Aspekte bilden einen engen Zusammenhang, der deutlich wird, wenn wir uns *dem Eigentlichen christlichen Glaubens* zuwenden, das sich hinter vielen Worten und dogmatischen Formulierungen verbirgt.[34]

„Die knappe Zusammenfassung der Trinitätslehre soll nach Rahner...sich selbst als unentbehrliches Instrument der Gottesrede ausweisen, weil einzig durch sie der Kern der Botschaft des Christentums bewahrt werden kann, dass es keinen geschöpflich-menschlichen Bereich gebe, welcher von Gott nicht durchdrungen wäre, dieser Gott aber nicht trotz, sondern gerade wegen dieser unüberbietbaren Nähe souverän über das erhaben bleibe, was er nicht ist." [35]

Karl Rahner hat seine Überlegungen zur Trinität als dem Eigentlichen, der Mitte des Glaubens – sowohl formal als auch inhaltlich – prägnant und umfassend zugleich beschrieben bzw. umschrieben:

„Trinitätstheologie... hat die Aufgabe, dieses höchste Geheimnis der christlichen Offenbarung der Glaubenswilligkeit und dem Glaubensverständnis nach Kräften nahezubringen." [36]

„Es ist selbstverständlich, dass die Trinitätslehre dauernd sich des Charakters des Geheimnisses bewusst bleiben muss, dass der göttlichen Wirklichkeit... jetzt und immer... zukommt. Bei diesem Satz muss aber ...gesehen werden... dass dieses Geheimnis wesentlich identisch ist mit dem Geheimnis der absoluten Selbstmitteilung Gottes in Christus und seinem Geist an uns. Hat sich der Mensch nur selbst begriffen, wenn er sich als den Adressaten dieser göttlichen Selbstmitteilung verstanden hat, dann kann gesagt werden, dass das Geheimnis der Trinität das letzte Geheimnis unserer eigenen Wirklichkeit ist und eben in dieser Wirklichkeit auch erfahren wird... Wo eine richtige Trinitätsaussage auch richtig gehört und nachvollzogen wird, weist die richtig verstandene Begrifflichkeit von sich selbst her auf jenen im Glauben und in Gnade geschehenden Daseinsvollzug hin, in dem das Mysterium des

Dreifaltigen Gottes selbst waltet und der nicht einfach nur durch seine begriffliche Objektivation konstituiert wird."[37]

Wenn also eine richtig verstandene Trinitätstheologie unmittelbar und direkt mit dem menschlichen Daseinsvollzug zu tun hat, und zwar wesentlich und entscheidend, dann ergibt sich ein höchstes existentielles Interesse an ihr. Es geht um den Menschen und sein Heil, das von Gott kommt und in ihm seine Erfüllung findet.

Entsprechend formuliert Klaus Peter Fischer:

„Aus diesem ‚existentiellen Interesse des Heils her' gewinnt die Trinität für uns Christen lebenswichtige Bedeutung, denn sie ‚kommt bei uns selber vor'. So ist die Trinität für uns nicht darum bedeutsam, weil uns die Offenbarung einige im Grunde beliebige und uns fernliegende Sätze über sie mitgeteilt hätte. ‚Diese Sätze werden uns vielmehr darum gesagt' – und hier umschreibt Rahner treffend das abgründigste Geheimnis menschlicher Existenz – weil uns die Wirklichkeit, über die diese Sätze gehen, selbst zugesprochen ist; sie werden nicht gesagt als Prüfstein des Glaubens an etwas, wozu wir keine wirkliche Beziehung haben, sondern darum, weil uns unsere eigene Begnadigung und Herrlichkeit gar nicht anders völlig erschlossen werden kann, als indem dieses Geheimnis gesagt wird.' (STh IV,128 =MySal II,340)."[38]

„Weil uns die Wirklichkeit, über die diese Sätze gehen, selbst zugesprochen ist" – darum geht es im christlichen Glauben! Hier haben wir gleichsam den Kern, das Eigentliche des Christlichen. *Die Wirklichkeit, die uns durch diese Sätze und in diesen Sätzen zugesprochen wird, ist Gott selbst, nicht etwas Gedachtes oder von ihm Verschiedenes.*[39] Für unsere weiteren Überlegungen sind an dieser Stelle Rahners Aussagen besonders wichtig zum *Zusammenhang zwischen diesen „Sätzen" und dem „absoluten Geheimnis"*

„in dessen Abgrund wir gründen, das die unbegreifliche Liebe ist, das uns trägt und zu unserer Seligkeit uns unserer Selbstverfügung und so uns selbst entzieht"[40]. Denn

„bei diesem Reden vergessen wir dann meistens, dass eine solche Zusage immer nur dann einigermaßen legitim von Gott ausgesagt werden kann, wenn wir sie gleichzeitig auch immer wieder zurücknehmen, die unheimliche Schwebe zwischen Ja und Nein als den wahren und einzigen festen Punkt unseres Erkennens aushalten und so unsere Aussagen immer auch hineinfallen lassen in die schweigende Unbegreiflichkeit Gottes selber.[41]

Das eigentlich Christliche, die Mitte unseres Glaubens ist das absolute Geheimnis als unüberbietbare Nähe der Liebe Gottes, des Vaters zu uns Menschen in seinem

Sohn und Geist. Diese Aussage ist nicht nur das Zentrum unseres Glaubens.[42] Sie ist heute vor allem auch *im interreligiösen Gespräch* von kaum zu überschätzender Bedeutung.[43]

An diesem zentralen Punkt unseres Glaubens stimmen übrigens *Karl Rahner* und sein vielleicht sensibelster und gründlichster Kritiker, *Hans Urs von Balthasar*, nahtlos überein:

„Denn im Sohn besteht volle Entsprechung zwischen göttlicher und menschlicher Liebe, und diese Entsprechung ist von ihm... als ein vollgültiges Maß der Kirche geschenkt, damit sie ihn, den Sohn und dessen Brüder... menschlich gebären kann. In dieses < Vollmaß >... hinein sind wir eingegliedert und insofern in unserer Defizienz je überholt und ergänzt und können in christlicher Tat aus dem Glauben auf das zu leben, was wir in der heiligen Gnade im Liebesblick Gottes immer schon sein dürfen." [44]

Und an anderer Stelle:

„Wo immer in der Schrift durch die Christus – Kirche – Offenbarung hindurch eine echte Offenbarung Gottes (wie er an sich ist) gemeint ist, das heißt praktisch überall, da ist notwendig im ökonomischen das absolute Gottesbild mit gemeint. So tun, als hätte etwa Paulus ‚nur‘ eine ökonomische Trinität im Auge, verrät nicht weniger theologische Dürftigkeit

als jene Dogmatik, die in aller Gemächlichkeit ein Kategorien-
netz der innergöttlichen Trinität knüpft, ohne formal und
inhaltlich im Ereignis der ökonomisch aufgehenden Trinität zu
verharren."[45]

IV. Erlöster müssten mir die Erlösten aussehen

Was ergibt sich aus der *unüberbietbaren Nähe des dreifaltigen Gottes als Vater*, Sohn und Geist für das Leben des Christen in der Welt von heute? Zunächst wird man sagen müssen, dass das für viele Menschen heute unverständliche Wort ‚Gott‘ auch für den Gläubigen kein Besitz ist, über den er nach Belieben verfügen kann. Wenn unser Glaube von Gott als vom Geheimnis der Liebe spricht, lernen wir von Rahner, dass diese Liebe unbegreiflich ist, ja dass sie uns nicht nur trägt, sondern

„zu unserer Seligkeit uns unserer Selbstverfügung und so uns selbst entzieht".[46]

Schon diese Aussage irritiert nicht nur nachhaltig eine einseitige, von Haben, Leistung und Macht geprägte Sicht vom Menschen. Sie bringt den Menschen wieder in ein „Weltverhältnis", das die Schöpfung als Geschenk erleben und die Größe menschlicher Berufung erahnen lässt.[47] Dennoch dürfen wir uns über die Glaubens-schwierigkeiten in heutiger Zeit nicht täuschen![48]

„Nicht einzelne Glaubenssätze aus und unter einer Menge von anderen Überzeugungen sind heute in Gefahr, sondern der Glaube überhaupt, das Glaubensvermögen selbst, die

21

Fähigkeit, überhaupt eine eindeutige, umfassende, fordernde Überzeugung zu realisieren und sie Macht in einem Leben, ja durch ein ganzes Leben hindurch gewinnen zu lassen."[49]

Wir können Gott in einer Welt, die ihn scheinbar vergessen hat oder in der er keinen Platz zu haben scheint, nicht quasi ‚herbei schaffen'. Wir brauchen es auch nicht! Er ist immer schon da. „Denn *du kommst unserm Tun mit deiner Gnade zuvor"*[50].Welch eine *Gelassenheit*[51] kann daraus erwachsen!

Unser Auftrag als „Kirche in der Welt von heute" ist nach dem Gesagten nicht mehr schwer auszumachen, denn wir können immer ‚nur' – vorrangig mit dem Zeugnis unseres Lebens – versuchen, mitzuhelfen, dass die *Deutung des Daseins* nicht steckenbleibt im Vordergründigen, im Banalen, im Vorletzten. *Dabei können und sollen wir die Menschen unserer Zeit darauf aufmerksam machen, dass sie „immer schon"*[52] *‚über sich hinaus sind', weil sie im Leben mit mehr umgehen als mit dem, was sich messen, zählen und prüfen lässt.* Das geht nicht allein, sondern nur *in der Gemeinschaft der Glaubenden*. Die unbegrenzte Zahl der *Heiligen* in all ihrer Fülle und Vielfalt bewahrheitet *die Fruchtbarkeit der göttlichen Gnadengaben.*

„Darum hat auch der Glaube des Christen nach Rahner notwendig eine ‚inkarnatorische Struktur‘: darin, dass nicht nur der rettende Gott, sondern auch die gerettete Kreatur Gegenstand des Glaubens sein muss... An Maria wird in radikaler Weise all das wahr, was Erlösung meint, und wozu alle Menschen... kraft des in ihnen keimhaft wirksamen Heilswillens Gottes („übernatürliches Existential“!) - berufen und unterwegs sind. ‘“53

Bei der *Weitergabe unseres Glaubens, gibt es allerdings eine Reihenfolge, die es strikt zu beachten gilt:*

"Die Verkündigung des Evangeliums in den nicht-christlichen Ländern begann in der Neuzeit immer mit Werken der Liebe: der Gründung von Schulen und Spitälern, der Entwicklungshilfe und der Betreuung von Flüchtlingen, und dann und eindeutig erst in zweiter Linie folgt die Verkündigung des Gotteswortes. Die gleiche Vorgehensweise sollte auch für unsere ehemals christlichen Länder gelten. Der diakonische Einsatz muss auch hier der Predigt vom Gott der Liebe den Weg bereiten... Diese Werke werden heute bei uns anders aussehen müssen als früher... auch in diesen staatlichen sozialen Netzen gibt es immer noch allzu viele Lücken, durch die gerade die Unglücklichsten durchfallen... Die neue Evangelisierung wird von tätiger Liebe und liebendem Verständnis getragen sein, oder sie wird nicht sein."54

Auffällig ist, dass Henrici in einem Nebensatz – so, als wolle er ganz sicher gehen, nicht missverstanden zu werden – seiner Aussage massiven Nachdruck verleiht:

„dann und eindeutig erst in zweiter Linie folgt die Verkündigung des Gotteswortes..."

„Die neue Evangelisierung wird von tätiger Liebe und liebendem Verständnis getragen sein, oder sie wird nicht sein." [55]

Miggelbrink fasst die Aufgabe der *Neuevangelisierung* prägnant so zusammen:

„Das letzte Wort der Theologie ist die Aufforderung, die Nächstenliebe zu vollziehen... als Erfüllung des Begriffes, den Gott mit seiner Inkarnation vom Menschen gebildet hat." [56]

Das „letzte Wort der Theologie" öffnet den Blick, es lässt Weite und Tiefe des Menschen in christlicher Perspektive ahnen, weil der Mensch es mit Gott selbst zu tun hat! Er kann sich ohne Gott im Letzten nicht wirklich verstehen. Und: Gottes Selbstmitteilung ist tatsächlich *jedem Menschen* angeboten. Dies ist Ergebnis recht verstandener Trinitätstheologie und theologische Grundüberzeugung Karl Rahners,

„dass jeder Mensch seinshaft und bewusstseinsmäßig durch die universal zumindest angebotene Gnade bestimmt ist. Diese ist ...nicht ...eine abstrakte, transzendentale Gnade, sondern sie ist stets konkretgeschichtlich vermittelt, weil sie immer und überall analog die Struktur des Gottmenschen Jesus Christus an sich trägt, indem sie in unüberbietbar

erfüllter und endgültig normierender geschichtlicher Konkret-
heit erschienen ist."[57]

Doch wie steht es um jene Menschen, die die Botschaft
des Jesus von Nazareth nie vernommen haben oder die
sie so vernommen haben, dass sie ihnen unglaubwürdig
vorkommt? Die sie deshalb auch nicht annehmen
können.
„Erlöster müssten mir die Erlösten aussehen" - Dieses
Wort hat nicht nur Nietzsche[58] kritisch auf die Christen
seiner Zeit angewandt. Selbstkritisch sollten auch wir
uns fragen, ob wir nicht auch manchen Schatten werfen
auf das Licht des Glaubens. Fragen sollten wir uns auch,
ob man uns die Freude ansieht über unsere Berufung, ob
wir nicht nur mit dem Mund, sondern vielmehr mit und
aus ganzem ‚Herzen', glauben. Karl Rahner fand für die
Gefahr, dass wir uns selber genügen, dass wir eng
werden und uns in uns selbst verschließen – auch im
Glauben, der sich dann selber aufhebt – ein treffendes
Bildwort. Er sprach vom „verschütteten Herzen".

„Und – das ist für uns fast das Entscheidende – wir sind nie
dieser Gefahr des Verschüttetwerdens enthoben wir, die
sogenannten guten Christen, die Kirchentreuen, die
‚Praktizierenden'. Wir können so in unserem patentierten
Christentum dahinleben und dahinpraktizieren – und vielleicht
ist das Herz schon längst ein verschüttetes Herz. Denn diese
Einstürze machen keinen Lärm. Die Herzen wandeln sich
leise."[59]

Hier eröffnet sich eine große Chance zum Dialog, denn Kirche ist nie nur Lehrende, sondern auch immer Lernende.

„Anonyme Christlichkeit bezeichnet so eine um der Nächsten-liebe willen unbedingt zu nutzende Chance, mit allen Menschen in eine notwendig auch immer kontroverse Verständigung über den Glauben einzutreten, von der der Christ nun aber auf der Grundlage der Theorie vom anonymen Christsein annehmen muss, dass er seinem nichtchristlichen Mitmenschen nicht absolut von außen indoktriniert werden muss. Umgekehrt wird aber der Christ, wenn es innerhalb der sich nicht christlich verstehenden Welt echte christliche Glaubensvollzüge im Lichte der übernatürlichen Selbstmit-teilung Gottes geben mag, und wenn er damit rechnen muss, dass solche Vollzüge mit wahren Einsichten verbunden sind, auch um des eigenen Heiles willen offenen Herzens auf den Anderen hören müssen." [60]

Neu-Evangelisierung hat es zu tun mit der *Wahrneh-mung und Wertschätzung der 'anonyme(n) Christlichkeit' der weltlichen Existenz und des Dienstes an der Welt".* *Die* Würdigung dieser „heutigen christlichen Glaubens-gestalt" erfolgt in dem Maße, in dem wir noch stärker, noch bewusster und dankbarer bedenken und beherzi-gen, *dass „anonyme Christlichkeit" wesentliches „inneres Moment an einer heutigen christlichen Glaubensgestalt" ist.* [61] *Vielleicht gelingt es Menschen, die sich nicht mit uns als Kirche, als Glaubende identifizieren, das, was wir meinen, mitunter besser zu leben, als wir es vermögen. Wir sollten um mehr Sensibilität und um mehr Offenheit bitten, um jene Spuren echter Nächsten- und Gottesliebe zu erkennen, die sich nicht auf den ersten Blick als solche zu erkennen geben.*

"'Wenn Gott selbst nach dem II. Vatikanum auch noch das Heil dessen sein kann, der meint, in wirklicher Redlichkeit und so in Unschuld ein Atheist sein zu müssen, dann kann er auch im Leben des Christen noch dort sein, wo ohne ausdrückliche Frömmigkeit das weltliche Leben fröhlich, frisch, ernst und tapfer gelebt wird. Hier liegt der wahre Sinn des oft sich selbst nicht verstehenden Redens von einer 'Weltfrömmigkeit'" (VII, 24). Natürlich hat die katholische Glaubenslehre immer gewusst, dass nicht nur die Sakramente und eigentliche geistliche Übungen, sondern alle sittlichen Akte, die im Stand der Gnade getan werden, 'verdienstlich' sind und die Gnade wachsen lassen. Aber zu einer Überzeugung, die das konkrete Leben formt, mag diese Lehre doch erst durch die Theorie von einem 'anonymen Christsein' werden. Sie leitet nach Rahner gewissermaßen eine 'kopernikanische Wende' in der Frömmigkeit des Christen ein, indem sie die 'anonyme Christlichkeit' der weltlichen Existenz und des Dienstes an der Welt ausdrücklich vor Augen stellt und als inneres Moment an einer heutigen christlichen Glaubensgestalt schärfer zu sehen lehrt."[62]

Diese „kopernikanische Wende" in der Frömmigkeit ist nicht konturlos und nicht ohne Überraschungen.

„Jesus ...besteht offensichtlich auf Sichtbarkeit und Wahrnehmungspflicht – z.B. in der Parabel vom Barmherzigen Samariter oder bei den Gerichtskriterien in der ‚kleinen Apokalypse‘ (von Mt 25) – und dies zu unserer immer neuen Verwunderung: ‚Herr, wann denn hätten wir dich gesehen, nackt gesehen, hungernd gesehen, im Gefängnis gesehen...?‘“[63]

Darum rät uns Karl Rahner:

„Wir sollten Ausschau halten nach den ‚christlichen Heiden‘, d. h. nach den Menschen, die Gott nahe sind, ohne dass sie es wissen, denen aber das Licht verdeckt ist durch den Schatten, den *wir* werfen. Vom Aufgang und Niedergang ziehen Menschen ins Gottesreich auf Straßen, die in keiner amtlichen Karte verzeichnet sind. Wenn wir ihnen begegnen, sollten sie an uns merken können, dass die amtlichen Wege, auf denen wir ziehen, die sicheren und kürzeren sind.“ [64]

Ja, diese „kopernikanische Wende" in der Frömmigkeit hat für die Glaubensweitergabe weitreichende Konsequenzen. Sie begründet und fordert ein verändertes, offenes Weltverhältnis, das sensibel und wertschätzend der Mit- und Umwelt begegnet. Ein Weltverhältnis, das sich nicht ängstlich fragt, ob und in welchem Maße es (noch) christlich ist. Sondern das gerade durch unseren Glauben seine umfassende Begründung erhält:

„So zeichnen sich... die Umrisse eines wahrhaft christlichen Verhältnisses zur Welt ab. Es weist sich weder durch eine utopistische Welttrunkenheit aus, die das Skandalon des Kreuzes ausklammert, noch durch eine resignierende oder verzweifelte Flucht vor der Welt, die ihre schon begonnene Verklärung in mangelnder Glaubenshoffnung leugnet Es schadet nichts, wenn der Christ sich scheinbar kaum von einem nüchtern-tapferen Menschen unterscheidet, der das Leben liebt, ohne sich über es Illusionen zu machen. Denn wenn ein solcher diese illusionslose Liebe zur Welt bis zum bitteren Ende durchträgt und bewahrt, dann ist das Gnade Gottes und er selbst in der Gnade Gottes ein „anonymer Christ". [65]

Rudolf Hubert

Anhang – Exkurs zur Theodizee

Bei der Frage der Weitergabe des Glaubens muss ein kurzes Wort zur Theodizeefrage gesagt werden. Diese wichtige Frage kann hier nur sehr fragmentarisch behandelt werden. Doch sie ist zu relevant, als dass sie in unserem Zusammenhang völlig außer Acht gelassen werden kann.

Bei der Frage der *Theodizee,* wie sich also Güte, Weisheit und Macht Gottes zusammenbringen lassen mit vielfältigen Leid-, Not- und Schulderfahrungen, muss einstweilen zunächst der Hinweis genügen, dass diese Frage schon als solche gar nicht sinnvoll und verständlich wäre in einer Welt ohne Gott. Wo niemand da ist, der hören und antworten kann, wird jede Frage unverständlich, banal, sinnlos. Höchstens kann sie psychologisch Erleichterung verschaffen, ohne jedoch sich wirklich sonderlich ernst nehmen zu dürfen.

Karl Rahner sprach davon, dass für Positivismus und Materialismus – weil Gottes Existenz ja kategorisch ausgeschlossen wird - „alle diese Proteste von vornherein sinnlos sind, dass sie nicht mehr *bedeuten als irgendwelche physikalischen Reibungserscheinungen, die kommen und gehen.*"[66]

„Es ist doch eigentlich so, dass der Atheist, für den dieses Leid eine absolut unlösbare Endgültigkeit hat, dieses Leid gerade als letztlich belanglos, als endlich, als eine Unvermeidlichkeit einer sich entwickelnden und sich immer wieder aufs Neue in ihren Gestalten auflösenden Natur erklären muss... Ein Mensch, der glaubt, dass Gott existiert als ein heiliger, gerechter, liebender, unendlich mächtiger Gott, für den ist eigentlich das Leid erst ein wahres Problem. Er... kann wirklich einsehen, dass gerade er von seiner Position her viel radikaler dieses Leid als Frage ernst nehmen kann als ein Atheist, der im Grunde genommen von vornherein sich mit der Absurdität dieser Welt, dieser Naturentwicklung, dieses Aufgehens und Abstürzens zufriedengeben muss." [67]

Einen weiteren Fingerzeig zum gläubig-angemessenen Umgang mit der Frage nach Schuld und Leid einerseits und einem liebenden Gott gibt Miggelbrink[68].

„Die Rede von der göttlichen Verfügung ist Chiffre für die Sinnhaftigkeit subjekthaften Handelns auch unter Bedingungen, unter denen der objektive Blick auf die Chancen und Möglichkeiten solchen Handelns eher zur Verzweiflung treibt." (287)

„Rahners Gottesdenken setzt nicht bei einem metaphysischen Modell göttlicher Herrschaft ein, sondern bei der Erfahrung Gottes als des zum subjekthaften Handeln für Andere Aufrufenden und Befreienden. Der Vollzug dieses gläubigen

Subjektseins ist der einzige Ort, an dem theologische Rede sinnvoll ist: Nur in der Ordnung der Gnade, die angenommen und gelebt wird, wo der Mensch sich in Nächsten- und Gottesliebe vollzieht, gibt es ein Verstehen der Wahrheit Gottes jenseits selbstgefälliger, weltbildhafter Sicherheit und jenseits der Verzweiflung."(288)[69]

[1] Quellenverzeichnis

Bei den Quellenangaben zu den Werken Karl Rahners nehme ich auch Bezug auf Rahner, Karl: Sämtliche Werke. Hg. v. der Karl Rahner-Stiftung unter Leitung von Karl Lehmann, Johann B. Metz, Karl-Heinz-Neufeld, Albert Raffelt und Herbert Vorgrimler, Freiburg: Herder 1995 ff – (entnommen aus „Stimmen der Zeit" , Spezial 1-2004, Karl Rahner-100 Jahre, Herder-Freiburg, S.80 – Im Text verwende ich als Abkürzung für Sämtliche Werke: SW)

[2] Andreas Schönfeld „Spirituelle Grundlagen für die Pastoralen Räume im Erzbistum Hamburg", Hamburg 2012, S. 11

[3] Joseph Ratzinger „Suchen, was droben ist" – Meditationen das Jahr hindurch, Freiburg, 1985, S. 107-109f (auch „Berührt vom Unsichtbaren", Freiburg 2005, S. 243-236)

[4] Joseph Ratzinger „Suchen, was droben ist". Meditationen das Jahr hindurch, Freiburg, 1985, S. 107ff

[5] Dies gilt selbstverständlich auch für die Schwester! – Vgl. auch Nikolaus Schwerdtfeger „Gnade und Welt", Freiburg 1982, S.288

[6] *"Was die Zuordnung von Gottes-und Nächstenliebe betrifft, so macht man sich, glaube ich, gegenseitig Vorwürfe, die wirklich überflüssig sind. Die radikale Liebe zum Nächsten als ursprünglich vollzogene ist vor ihrer Selbstreflexion immer schon ein Ankommen bei Gott und muss es sein. Umgekehrt ist es natürlich auch so. Ich muss den Gott lieben, der mich und den Nächsten liebt. In der Dimension des eigentlichen Vollzugs der Gottes-und Nächstenliebe haben wir von vornherein einmal, so möchte ich sagen, eine Perichorese gegenseitiger Bedingung der beiden Momente. Dass ich dann theoretisch auch sagen muss, die Gottesliebe ist wichtiger als die Nächstenliebe, das habe ich doch wahrhaftig noch nie bestritten."* ("Gespräch mit Karl Rahner" aus "Theologisches Jahrbuch 1975" , Leipzig, S. 88 f – auch SW 25, S.3-32)

[7] Karl Rahner „Schriften zur Theologie", Band 14, Zürich, Einsiedeln, Köln, 1980, S. 11ff, auch SW 29,S.3-11

[8] Andreas Schönfeld „Spirituelle Grundlagen für die Pastoralen Räume im Erzbistum Hamburg", Hamburg 2012, S. 11

[9] Ebenda, S. 11

[10] „So will ich diese Tage mit euch leben" – Dietrich Bonhoeffer – Jahreslesebuch, Herausgeber: Manfred Weber, Gütersloher Verlagshaus 2005

[11] ebenda

[12] Buchtitel von Karl Rahner, Freiburg im Breisgau 1974 - Vorwort in SW S. 568-569

[13] Vgl. u.a. Karl Rahner „Grundkurs des Glaubens", Freiburg 1984, S. 14; auch SW 26, S.8f; auch Karl-Heinz Weger „Karl Rahner", Freiburg, 1978, S.44ff

[14] Karl Rahner „Das freie Wort in der Kirche", Einsiedeln, 1953 – auch SW 10, S.143-183

[15] Buchtitel von Karl Rahner, Freiburg im Breisgau 1972, dort u.a. S. 49ff; SW 24/2, S. 490-579; vgl. auch „Karl Rahner – Politische Dimensionen des Christentums" (Herausgegeben und erläutert von Herbert Vorgrimler), u.a. S. 11f

[16] Karl-Heinz Weger „Karl Rahner", Freiburg, 1978, S.41-43; auch Ralf Miggelbrink „Ekstatische Gottesliebe im tätigen Weltbezug", Altenberg, 1989, S. 70 („Die Theologie ist der die ganze Existenz kostende Aufwand, die Geheimnishaftigkeit Gottes als vom Menschen anzunehmende zu verteidigen gegenüber dem hybriden Zugriff auf Gott.")

[17] Vgl. dazu auch Eugen Drewermann „Wendepunkte", Ostfildern, 2014, S. 9: „Wie nötig wäre Religion! Wer, wenn nicht sie, könnte den Menschen sagen, dass sie mehr sind als Übergangsgebilde im Stoffwechselhaushalt der Natur." Und auf S. 120: „dass die Theologie ihrerseits den Geltungsbereich der Naturwissenschaften... radikal in Frage stellen müsste... Sie darf gar nicht anders! ...alle Naturwissenschaft kann nur die Falle vermessen, in welcher wir stecken, und ihre Geschlossenheit für unentrinnbar erklären. Auf die radikale Infragestellung der menschlichen Existenz durch die natürlichen Daseinsvoraussetzungen vermag keine Naturwissenschaft sinnvoll zu antworten."

[18] „Beten mit Karl Rahner", Band 1 „Von der Not und dem Segen des Gebetes", eingeleitet von Rudolf Hubert und Roman Anton Siebenrock, Freiburg im Breisgau 2004; SW 7

[19] Dabei verkenne ich nicht den Einfluss der Informations- und Computertechnik, die ‚Erschaffung virtueller Welten', deren gewaltige Auswirkungen auch Karl Rahner nicht ahnen konnte und die das heutige Leben in einem ungeahnten Maße prägen. Rahner hat allerdings mit großer Klarheit vorausgesehen, wohin diese Entwicklung führen kann: Zum Ausfall der Frage nach Gott und damit nach sich selbst. Und wo keine Frage (mehr) vorhanden ist, kann auch keine Antwort sinnvollerweise vernommen werden. Rahner fand hierfür drastische Worte wie das von der „Abschaffung des Menschen" oder das vom „findigen Termitenstaat". – SW 26, S.52

[20]Der Mensch heute ist in seiner Mentalität mehrheitlich ‚Positivist', ein Pragmatiker, dem Nützlichkeit, Funktionalität und Prüfbarkeit *die* Parameter in seinem Weltverhältnis zu sein scheinen. Soweit die Menschen sich nicht mit Verschwörungstheorien abgeben oder irgendwelchen esoterischen Heilsversprechen nachlaufen. Eugen Drewermann hat in einer sehr schönen Passage die Aufgabe beschrieben, der sich der Glaube heute gegenüber sieht: „Vermutlich ist dies die wichtigste Frage unserer Zeit, wie wir der kommenden Generation und uns selber miteinbegriffen, den Mut zu höheren Zielen, den Glauben an die Sterne, die Sehnsucht, es den Wolken nachzutun, noch einmal neu vermitteln können. Wenn wir den Durst von Verdurstenden, den Hunger von Verhungernden wieder zu fühlen beginnen inmitten einer Welt, die uns nicht sättigen kann, ist der erste Schritt schon getan, dass Gott wieder wahr wird in unserem Herzen und wir Gottes gewahr werden in unserem Leben. (Eugen Drewermann „Worte für ein unentdecktes Land", Freiburg, 1999, S. 126 - auch „Das Markusevangelium, Erster Teil",135)

[21] Sie hat Eingang gefunden in Karl Rahners „Grundkurs des Glaubens". – Vgl. Karl Rahner „Grundkurs des Glaubens", Freiburg 1984, S. 54-61; SW 26, S. 48-55; vgl. auch SW 22/1b, S.489-495

[22] Ein schönes Wort von Johannes Baptist Metz über Karl Rahner - vgl. Johannes Baptist Metz/Tiemo Rainer Peters „Gottespassion", Freiburg 1991, S. 34Ff

[23] In „Christ in der Gegenwart" antwortet der Moraltheologe aus Linz, Michael Rosenberger auf die Frage: "Wer ist ihr theologisches Vorbild?" mit dem sehr bedenkenswerten Satz: "Karl Rahner. Ich halte seine Theologie für nach wie vor nicht vollständig eingeholt. Letztlich ist sie eine Fußnote zu den Exerzitien seines Ordensvaters Ignatius - das wird aber wenig verstanden."(Vgl. CiG 31/2015)

[24] Hier müssten viele Elemente der Theologie Karl Rahners in ihrer inneren Kohärenz beigebracht werden, ich nenne nur exemplarisch die Symbol- und Gnadentheologie, den Begriff der Selbstmitteilung Gottes, Rahners ignatianische Prägung, seine Beheimatung in der ‚Schultheologie'. Hierauf näher einzugehen, würde bei weitem diesen Rahmen sprengen. Darum wähle ich den ‚Einstieg' bei der Trinitätstheologie Karl Rahners. Recht verstanden, ist dies keine Reduktion, sondern Priorisierung, Konzentration auf das Wesentliche christlichen Glaubens. „Bietet der Begriff der Selbstmitteilung eine zutreffende Zusammenfassung des wesentlichen Inhalts des christlichen Heilsereignisses, kann er auf der anderen Seite dazu dienen, die in der Heilsgeschichte sich offenbarende dreifaltige Gestalt des Verhaltens Gottes zum Menschen eben als Dreifaltigkeit Gottes an sich selbst zu verstehen." (Schwerdtfeger „Gnade und Welt", Freiburg im Breisgau 1982, S.139)

[25] Klaus Peter Fischer „Der Mensch als Geheimnis", Freiburg im Breisgau 1974

[26] Nikolaus Schwerdtfeger „Gnade und Welt", Freiburg im Breisgau 1982

[27] Ralf Miggelbrink „Ekstatische Gottesliebe im tätigen Weltbezug", Altenberge 1989

[28] Michael Hauber „Unsagbar nahe", Innsbruck-Wien 2011

[29] Wer mehr zu diesen Autoren und deren Arbeiten erfahren möchte, sei u. a. verwiesen an Herbert Vorgrimler „Karl Rahner – Gotteserfahrung in Leben und Denken", Darmstadt 2004, bes. S. 14 und Karl Lehmann in Andreas R. Batlogg/ Melvin E. Michalski (Hg.) „Begegnungen mit Karl Rahner", Weggefährten erinnern sich, Freiburg im Breisgau 2006, S. 92f

[30] Karl Rahner, Bemerkungen zur Gotteslehre, S.186 – „Schriften zur Theologie" VIII, Einsiedeln, Zürich, Köln, 1967 – vgl. auch Michael Hauber „Unsagbar nahe", Innsbruck-Wien 2011, S.236, Anmerkung 953; SW 22/1b, S.511

[31] Karl Rahner „Meditationen zum Kirchenjahr", Leipzig 1967, S. 311ff; SW 13, S. 527-539

[32] Karl Rahner „Von der Unbegreiflichkeit Gottes" – Erfahrungen eines katholischen Theologen", Freiburg 2004, S. 27; SW 25, S.48

[33] Ralf Miggelbrink, „Ekstatische Gottesliebe im tätigen Weltbezug", Altenberge, 1989, S. 12

[34] „Bei einem solchen Neu-verstehen muss aber stets der hermeneutische Grundsatz walten, dass zuerst die dogmatische Aussage aus ihrem Kontext (und nicht zuerst aus unserem! – so schwer das auch im Einzelnen sein mag) erfasst werden muss, ehe sie verheutigt wird (sofern man das letztere für nötig hält." – „Unsagbar nahe", S. 220

[35] Hauber, ebenda, S. 189

[36] Karl Rahner/Herbert Vorgrimler „Kleines Theologisches Wörterbuch", Freiburg 1963, S. 365; SW 17/1, S.842

[37] Karl Rahner „Bemerkungen zu „De Trinitate" – Der Dreifaltige Gott, S.346; auch Sämtliche Werke Karl Rahners, Band 22/1b, S.571

[38] Klaus Peter Fischer „Der Mensch als Geheimnis", Freiburg im Breisgau 1974, S.364

[39] „Für Rahner ist die ungeschaffene Gnade „der Geist, der vom Vater und vom Sohn ausgeht...Der Glaubende ‚besitzt' mithin schon in statu viae Gott selbst (I, 62)." siehe Nikolaus Schwerdtfeger „Gnade und Welt", Freiburg 1982, S.150. Dort auch S. 184: „Der Mensch ist zu einem wirklichen Mitvollzug am Leben des Logos im Besitz des Heiligen Geistes und auf den Vater hin berufen."(XI,396)".

[40] Karl Rahner „Meditationen zum Kirchenjahr", Leipzig 1967, S. 311ff; SW 13, S. 527-539 (s.o.)

[41] Karl Rahner „Von der Unbegreiflichkeit Gottes" – Erfahrungen eines katholischen Theologen", Freiburg 2004, S. 27; SW 25, S.48 (s.o.)

[42] Es geht um die „Lehre von der (tatsächlichen, R.H.) Gegenwart des dreifaltigen Gottes im Gerechtfertigten, die als solche – wie immer sie genauer gedeutet wird – (kursiv R.H.) in der katholischen Theologie angenommen ist (vgl. DS 3329-3331)". – Ebenda, S. 150 – Miggelbrink formuliert diesen Zusammenhang so: „Das christologische Bekenntnis von Chalkedon ist für Rahner eine grundlegende dialektische Formel, die für das Ganze der Theologie die Funktion eines formalen Prinzips übernimmt." („Ekstatische Gottesliebe im tätigen Weltbezug", S.292)

[43] „Wenn Jesus Christus genau in seiner Menschheit und in ihrem konkreten Vollzug die Selbstentäußerung Gottes ist, so lässt sich nach Meinung Rahners das Wesen Christi auch gewissermaßen „von unten" her richtig aussagen mit dem Satz: „Jesus ist der Mensch, der die einmalige absolute Selbsthingabe an Gott lebt" (I 193). Dies allerdings unter der Voraussetzung, dass man begreift, dass „eine absolute Selbsthingabe eine absolute Mitteilung Gottes an den Menschen impliziert, die das durch sie Bewirkte zur Wirklichkeit des Bewirkenden selbst macht" (I, 193)

Von daher kann verständlich werden, dass der Höhepunkt der Selbsthingabe Jesu, seines Gehorsams gegen den Vater, zugleich der Höhepunkt der Selbstentäußerung und Selbstäußerung Gottes ist." Nikolaus Schwerdtfeger "Gnade und Welt", S. 256 – Wenn dies richtig verstanden wird – gerade im Gespräch mit Judentum und Islam, die einen strengen, teil-weise starren Monotheismus vertreten und dem Christentum Vergötzung des Geschöpflichen vorwerfen - kann deutlich werden, dass die Vergöttlichung (nicht Vergötzung!) des Menschen immer Werk Gottes selber ist. Dass dabei die Einheit und Einzigkeit Gottes nicht gefährdet wird, kann gerade die Trinitätstheologie aufzeigen.

[44] Hans Urs von Balthasar , „Glaubhaft ist nur Liebe", Einsiedeln, 1963, S.69/70

[45] Ebenda, S. 58, Anmerkung I. Diese Aussagen sind sehr bedeutsam, stammen sie doch aus einem Büchlein, das der hervorragende Balthasar Kenner, sein Vetter Pater Peter Henrici, als die „wohl gedrängteste Zusammenfassung von Balthasars Denken" bezeichnet hat. - Hans Urs von Balthasar „Gestalt und Werk", Köln 1989, S. 242

[46] Karl Rahner „Meditationen zum Kirchenjahr", Leipzig 1967, S. 311ff; SW 13, S. 527-539 (s.o.)

[47] "Trotz allen wissenschaftlichen Erfolgen ist die Erkenntnis, <<dass ich (=der Erkennende) nicht selber das Licht bin>>, unaufhebbar. Und bei dieser Erkenntnis wird es bis weit in die Postmoderne hinein bleiben. Der Mensch kommt über seine *Sehnsucht* zum Absoluten nicht hinaus. Das ist sein Ort, der auch durch alle reduktionistischen Versuche (Religionsgene etc.), ihn biologistisch zu entschärfen, nicht transzendiert werden kann. Stachel im Fleisch auch des (post-)modernen Menschen bleibt diese Sehnsucht nach dem Unbedingten in aller Bedingtheit! – Alois M. Haas in Hans Urs von Balthasar „Die Gottesfrage des heutigen Menschen", Freiburg, 2009, S. XXI

[48] In seinem Buch „Karl Rahner" (Karl-Heinz Weger „Karl Rahner", Freiburg, 1978,) nennt Weger u.a. die Vielfalt des nicht mehr vom einzelnen überschaubaren Wissens, die fehlende Aussagekraft tradierter Glaubensformeln und – ausdrücke, denen der Bezug zum Leben zu fehlen scheint und die Frage einer existentiellen Heilsbedeutsamkeit eines geschichtlichen Ereignisses als wesentliche Glaubensschwierigkeiten heute. (S. 19/20)

[49] Im Heute glauben, SW 14, S.13f

[50] Buchtitel: Paul M. Zulehner im Gespräch mit Karl Rahner, Ostfildern 2002

[51] In „Was bleiben wird", Gysi/Schorlemmer, Berlin 2016, S.285, schreibt der evangelische Pfarrer Friedrich Schorlemmer: „Selbstvertrauen aus Gottvertrauen führt mich ins Weltvertrauen, in ein herzhaftiggelassenes Vertrauen."

[52] Eine oft gebrauchte Formulierung Karl Rahners, die Bezug nimmt auf die Anwesenheit göttlicher Selbstmitteilung in jedem Menschen – zumindest im Modus des Angebotes. („übernatürliches Existential")- SW 17/1, S.565

[53] Fischer, „Der Mensch als Geheimnis", S. 336

[54] *Peter Henrici, "Blick auf die neue Evangelisierung" in "Eine Theologie für das* 21. Jahrhundert - Zur Wirkungsgeschichte Hans Urs von Balthasars", Einsiedeln, Freiburg, 2014, S. 22F

[55] Wem fällt bei diesem Duktus nicht Karl Rahners Wort vom „Christ der Zukunft" ein, *der ein Mystiker sein wird, einer, der etwas erfahren hat, oder er wird nicht mehr sein".- Vgl.* Karl Rahner „Schriften zur Theologie", Band 7, „Frömmigkeit früher und heute", S.11-31,22f; SW 23, S. 31-46

[56] Ralf Miggelbrink „Ekstatische Gottesliebe im tätigen Weltbezug", Altenberge 1989, S. 317

[57] Schwerdtfeger „Gnade und Welt", Freiburg, 1982, S. 345

[58] Vgl. Nietzsche Register, Richard Oehler, Stuttgart, 1943, S. 104 - Stichwort: Erlösung

[59] „Beten mit Karl Rahner", Freiburg 2004, Band 1 „Von der Not und dem Segen des Gebetes", S. 54; SW 7,S.44

[60] Miggelbrink „Ekstatische Gottesliebe im tätigen Weltbezug", Altenberge, 1989, S. 198

[61] „Indes hat sogar die Kirche als ganze nicht schlechthin die Fülle der Glaubens eingeholt... Denn außerhalb der katholischen Kirche, ja außerhalb der Christenheit gibt es Objektivationen des Heiligen Geistes...Darum muss die Kirche für solche Objektivationen der Gnade aufgeschlossen sein und sie zu entdecken suchen...Die Kirche ist mithin nicht nur die Spenderin der Gnade, sondern sie wird selbst durch den Glauben jener bereichert, die noch jenseits ihrer sichtbaren Grenzen stehen." („Gnade und Welt", S. 423)

[62] Nikolaus Schwerdtfeger "Gnade und Welt", S. 423

[63] Johann Baptist Metz in „Gottespassion" ,Metz/Peters, Freiburg 1991, S. 38

[64] Karl Rahner „Glaube, der die Erde liebt", Freiburg im Breisgau, 1966, S.104; SW 10, S.653

[65] Nikolaus Schwerdtfeger "Gnade und Welt", S. 296

[66] Karl Rahner/Karl- Heinz Weger „Was sollen wir noch glauben?", Freiburg 1979, S. 64; SW 28, S.565f

[67] Karl Rahner „Mein Problem" – Karl Rahner antwortet jungen Menschen, Freiburg, 1984, S. 134, SW 10, S.447; Vgl. dazu auch Karl Rahner „Schriften zur Theologie", XIV, S. 450-466 – „Das Böse ist nicht nur ein komplizierter Fall des biologisch Unangenehmen und desjenigen Sterbens, das überall herrscht." (456); SW 30, S.373-384 (377) - Mir geht in diesem Zusammenhang jene Schilderung nicht aus dem Sinn, die sich in Drewermanns „Wendepunkte" (Ostfildern 2014), auf S. 124 befindet. Zunächst schreibt Drewermann: „Die wohl eindringlichste Darstellung einer Unmoral der Verzweiflung unter dem Eindruck der zynischen Sinnlosigkeit von Natur wie Kultur hat der Schweizer Pfarrerssohn FRIEDRICH DÜRRENMATT in seinem Kriminalroman <<Der Verdacht>>aus dem Jahre 1953 gegeben." Auf S. 126 der „Wendepunkte" finden sich dann solche erschütternden Sätze, wie: „Da werden wir, ohne gefragt zu werden, auf irgendeine brüchige Scholle gesetzt, wir wissen nicht wozu; da stieren wir in ein Weltall hinein, ungeheuer an Leere und ungeheuer an Fülle, eine sinnlose Verschwendung...So leben wir, um zu sterben...und so haben wir Kinder und Kindeskinder, um mit ihnen...in Aas verwandelt zu werden, um in die gleichgültigen, toten Elemente zu zerfallen, aus denen wir zusammengesetzt sind." Nach weiteren eindringlichen Beschreibungen der Auswegslosigkeit von Materialismus, Agnostizismus und Nihilismus, wird auf S. 131 in gewisser Weise ein Fazit sämtlicher Versuche des Lebens in einer ‚gnadenlosen' Welt gezogen: „Bewusst stellt DÜRRENMATTS Dr. Emmenberger seinen gegengöttlichen Glauben an die Materie so provozierend in den Raum, als wollte er auf Widerspruch geradezu hoffen: wagt jemand noch, dem Materialismus als der neuen Religion der Zeit mit einem eigenen Glauben zu begegnen?"

[68] Ralf Miggelbrink „Ekstatische Gottesliebe im tätigen Weltbezug", Altenberge, 1989

[69] In nur wenigen Worten gelingt es Miggelbrink, entscheidende theologische Aussagen zusammen zu bringen, so dass falschen Alternativen gewehrt wird. Auch hier spielen die Erkenntnistheorie Rahners und besonders die Gnaden-theologie, die „ganz normale, katholische Schultheologie ist" (Karl Rahner) d i e entscheidende Rolle. In dem Satz: „Der Vollzug dieses gläubigen Subjekt-seins ist der einzige Ort, an dem theologische Rede sinnvoll ist", kulminieren gewisser-maßen Gotteserfahrung und Gotteserkenntnis.

Das gilt auch für die Aussage, dass es die „Ordnung der Gnade" ist, die „angenommen und gelebt" wird, die uns vor „selbstgefälliger, weltbildhafter Sicherheit" bewahrt und ein „Verstehen der Wahrheit Gottes jenseits der Verzweiflung" ermöglicht. – Miggelbrinks Hinweise lassen mich auch Reinhold Schneiders letztes, sehr persönliches Werk „Winter in Wien" (Freiburg 1958), seine autobiografischen Notizen aus Wien 1957/58, die um all die Fragen von Leid, Not, Gott und Mensch kreisen, als Werk eines Glaubens der „Hoffnung wider alle Hoffnung" verstehen.

ZUM AUTOR

„Rudolf Hubert (geb. 1958) ist Geschäftsführer des Kreis-Verbandes Westmecklenburg-Caritas Mecklenburg e. V.

Als Schüler in der ehemaligen DDR ist er auf das Büchlein von Karl Rahner gestoßen: "Von der Not und dem Segen des Gebetes". Mit diesem Büchlein konnte er spirituell und intellektuell in der damaligen Situation Boden gewinnen. Seine anhaltende Beschäftigung und vertiefende Auslegung des Werkes Karl Rahners hat er in der umfassenden Studie zusammengefasst: „Im Geheimnis leben - Zum Wagnis des Glaubens in der Spur Karl Rahners ermutigen" (Würzburg: Echter 2013). Dieses Werk kann als vertiefende Auslegung ebenso empfohlen werden, wie als mystagogische Anleitung zur eigenen Glaubensfindung bzw. -vertiefung."

Prof. Dr. Roman A. Siebenrock, Universität Innsbruck

Rudolf Hubert / Jörg Kleinewiese

"Was ihr einem der Geringsten getan habt..."

92 Seiten, € 6,90, ISBN: 9783750436947

„Das Tiefste am Christentum ist die Liebe Gottes zur Erde. Dass Gott in seinem Himmel reich ist, wissen andere Religionen auch. Dass er mit seinen Geschöpfen zusammen arm sein wollte, dass er in seinem Himmel an seiner Welt leiden wollte, ja gelitten hat und durch seine Menschwerdung sich instand setzte, dies sein Leiden der Liebe seinen Geschöpfen zu beweisen: das ist das Unerhörte bisher."

Hans Urs von Balthasar

„Die eigentliche und einzige Mitte des Christentums und seiner Botschaft ist die wirkliche Selbstmitteilung Gottes in seiner eigensten Wirklichkeit und Herrlichkeit an die Kreatur, ist das Bekenntnis zu der unwahrscheinlichsten Wahrheit, dass Gott selbst mit seiner unendlichen Wirklichkeit und Herrlichkeit, Heiligkeit, Freiheit und Liebe wirklich ohne Abstrich bei uns selbst in der Kreatürlichkeit unserer Existenz ankommen kann."

Karl Rahner

Klaus P. Fischer

Wer glaubt, lebt
aus dem Geheimnis

160 Seiten, € 19,90, ISBN: 9783751920438

„Der Traditionsbegriff "Christliches Abendland" ist dem Bewusstsein weiter Kreise abhanden gekommen. Viele empfinden dieses Erbe wie einen schlechten Traum. Heute favorisiert man die pluralistische oder "offene" Gesellschaft. Wer sich allerdings öffentlich zum christlichen Glauben bekennt, riskiert das Etikett "Traditionalist". Wenn jedoch aus einer Kathedrale wie Notre Dame de Paris Flammen schlagen, erschrecken viele Zeitgenossen abgrundtief - als spürten sie, dass mit ihr ein geistig-geistliches Erbe droht verlorenzugehen."

Klaus P. Fischer

Hermann Seifermann

Wie heute von Gott reden?

Die Bibel als Glaubenshilfe

120 Seiten, € 9,90, ISBN: 9783732235216

„In erschreckender Weise erleben wir in unserer sogenannten Moderne - in Wissenschaft, Technik, Industrie,
Wirtschaft, Politik und auch Kunst -, dass das, was eine
ganze große Epoche lang selbstverständlich war, einfach
aus dieser unserer modernen Welt verschwindet:
nämlich GOTT.

Zwar sagt man, es sei in dieser Zeit der Gottesferne auch
schon wieder eine weitverbreitete Gottessehnsucht zu
erkennen (Esoterik), aber sie weiß sich noch kaum gültig,
allgemeingültig zu artikulieren. Woher kommt das? Liegt
es etwa an der den genannten Feldern menschlichen
Betriebs eigenen Struktur mit ihrem jeweiligen Sach-
zwang? Oder haben wir vielleicht in unserem Reden von
Gott, schlicht gesagt, die Zeichen der Zeit noch nicht
erkannt? Reden wir etwa unbeirrt noch immer in der
Sprache der vergangenen Epoche von Gott? Es scheint
so!
Dann aber heißt die Grundfrage: „Wie heute von Gott
reden?“ Es ginge dann um eine grundlegende Neuorien-
tierung unserer Gottesrede heute. Der einzuschlagende
Weg hieße dann: zurück zu den Quellen, anthropo-
logisch, theologisch, geschichtlich – mit einem Wort -
biblisch! Diesen Weg wollen wir erkunden.“

Klaus P. Fischer

Siegfried Hübner

AUFBRUCH IM GLAUBEN MIT PAPST JOHANNES XXIII.

„Wenn wir heute in unserer Kirche an einen Aufbruch im Glauben und im Leben denken können, so verdanken wir das jenem Aufbruch, der vor 60 Jahren im II. Vatikanischen Konzil (1962-65) begonnen hat. Die Erneuerung, um die es damals ging und die uns noch heute aufgegeben ist, können wir aber nur recht verstehen, wenn wir auf den Papst zurück blicken, der dieses Konzil einberufen hat und mit ihm die Kirche so in Bewegung bringen wollte, wie er es unter den Zeichen der Zeit für notwendig hielt. Aus den Berichten, die aus Gemeinden zu hören sind, die sich heute um einen Aufbruch bemühen, geht hervor, dass die Anläufe, die dazu gemacht werden, stets zu der Frage führen: Was will Gott heute von uns?"

Siegfried Hübner